이별이 건너가고 있다

이별이 건너가고 있다
지역문학총서 50

초판 1쇄 발행 2025년 12월 16일

지은이 김영화
펴낸이 강수걸
편집 강나래 오해은 이선화 이소영 이혜정 유정의 한수예
디자인 권문경 조은비
펴낸곳 산지니
등록 2005년 2월 7일 제333-3370000251002005000001호
주소 부산시 해운대구 수영강변대로 140 BCC 626호
전화 051-504-7070 | 팩스 051-507-7543
홈페이지 www.sanzinibook.com
전자우편 sanzini@sanzinibook.com
블로그 http://sanzinibook.tistory.com

ⓒ김영화
ISBN 979-11-6861-552-6 03810

* 책값은 뒤표지에 있습니다.
* 잘못 만들어진 책은 구입처에서 교환해드립니다.

산지니시인선 031
이별이 건너가고 있다

김영화 시집

산지니

시인의 말 하나

실금이 갔다
기다리니
아물었다
내가 선 곳
흔들지 않는다
흔들리지 않는다
길은
저러다
또
시작되니.

차례

시인의 말 하나 005

제1부

서정시 013
한우산 014
저마다 봄 015
달밭 무 016
남산 017
서원 가는 길 018
유학사 020
회화나무 아래 022
백련사 023
미아 찾기 024
의령 장날 026
유월 027
요즘 어디 028
간장밥 029
논고동 030
연 032
수도사 부도탑 034

이 길은 어디로　035
동태국　036
경운기와 자전거　038

제2부

눌차　041
출렁이는 라면　042
갑오징어　044
저동항　046
스투키는 죄가 없다　048
우연이 아니라고　049
왈칵 들어오는 봄　050
발병　052
설악초　053
씨 없는 포도　054
입춘　056
시묘살이　058
은행　060
초란　061
기차만 보면　062
네 쪽 사진관　064
누수　066
비비추 친구　067

마창정비소　068
구름 훔치기　069
점　070

제3부

재회　075
변산에서　076
먼나무　077
지실 미륵불　078
백중　080
라오스 탁발승　082
합천호 근처　084
몽골 라일락　085
마두금　086
간단 사원　088
감포　090
가호동 아기 무덤　092
남촌식당에서 진목까지　094
이장　096

제4부

도움닫기　101

생활체육　102
어떤 서예가　104
부레옥잠 터진　106
노란 장수의자　108
무더지다　109
저장 목단꽃　110
코스모스　111
대영연립　112
울먹이는 성산　114
하지 평토제　116
요양병원에서　117
고부　118
곁가지 움 틔울 때　120
쇠똥구리　121
도너스 식당　122
놓친 손　123
겨울 가뭄　124
백두산　126
오작교 연애　127

해설: 철 따라 환해지는 분분한 틈새,　129
그 미세한 꼭지에 닿으려는 언어의 눈빛_정훈

제1부

서정시

첫 시집 받고 작은오빠
잘 읽었다
그런데 이젠 서정시를 쓰려무나

오빠
이게 서정시인데요

무슨 서정시가
이렇게 우울하냐

제 속마음
끄집어 헤쳐 놓은
생물인데요

시는
부드러워야 시답지
이젠 아프지 않은 시를 써봐라

한우산

바람 많아 바람개비 산 꼬리 잡고
쇠목재 넘어 시집 온 쇠목 아지메
저 무전다리까지 웅웅 우는 구월
억새 길 굽어보는 소나무는 곱사등
살 오른 뱀 느릿느릿 바위틈 휘돌아 가면
침목 계단 아래 물봉선 빼꼼 고개 내민다

저마다 봄

삼월 끝날 버들강아지 실눈 껌뻑이고
대곡천 도랑도랑 양 갈래로 머리 풀고
제비꽃 민들레는 땅따먹기 놀이
복사꽃 오므린 입 삐죽
보리밭 마늘밭 가장자리 고사리 기지개 켜는데
언덕 비알 외늙은이 가랑가랑 쇠스랑 긁는다
퇴각하던 인민군 서넛 묻어줬다던
적포나루 쪽 밭고랑에도
양수기로 퍼 올린 논물 찰랑거리고
해마다 큰물 들면 옥수수대 하나 못 건지던 들
경지정리로 멀끔한 사각 도형 씨 받을 태세다
거뭇거뭇 살찐 독수리 열댓 마리
액비 뿌린 논 죽은 송아지 살점인지
식탐으로 해 넘는 줄 모르는데
성마른 고라니 한 마리
재빠르게 논 질러 둑방 차고 오른다

달밭 무

구불길 자갈길 들썩이다 닿는 달밭 먼당
골짝 아래 들은 물만 채워 싱거운 봄
달빛 흠씬 훔쳐야 꼬시지
별 무리 미타산 잔걸음 넘을 때 권혜 사람
달그락 옆구리 도시락 챙겨 보탠다
반 고랭지
배추는 찬 이슬에 목이 자꾸 꺾이고
땅심보다 밥 심줄 더 질겨
봉두난발로 고래 소리 지르며 뛰던 맨 종아리
움쑥불쑥 하루 다른 무가 제 맞춤 땅이다
농기계 곡괭이 더해 늘여도
고사리 뱀 머리수만 늘리는 숭시런 자갈 자갈밭
제 살붙이 도회지로 등 떠밀어 주저앉히고
이제는 고랑 없는 잡목만 우거져
고무레 긁은 듯 매끈한 길 객을 맞는다

남산

  한 무리 사람들이 잘 깎은 고분을 앞질렀다 속 빈 널방 차고 끼었을 유물 도굴로 사라지고 딸린 무덤 껴묻거리 토기만 건졌다는 표지판 덩그렇다 때 이른 찬 서리에 널길 드나들 듯 발자국 어지럽게 패인 흔적들 멧돼지인가 시나브로 꺼풀 벗다 보면 한갓진 풍경이다 의병축전 열리면 차전놀이 농악대 가장행렬에 구슬 족두리 쓰고 뒤따르던 어린 날 물멀미로 지켜보았을 산 묻힌 함성들 어린 편백 계획 산림으로 자라는 둘레길 머리길 끊겨 오래 앓던 친구는 동구길 들 듯 날쌔게 오르내리던 중턱에서 읍내 향해 깊은 잠 들었다 배운다던 심리학은 밤새 새로 난 길 같아서 어디서 머물고 있을는지 알 길 없고 남산은 아직 어둔 눈 있어 대숲 저물도록 옆구리 긁적인다

서원 가는 길

지정 오천리
기강서원보다 먼저 맞는 집
한지 문풍지 창살에 녹슨 문고리 배목
굳게 잠근 새 자물통이 무색하게 살림살이 마루에서 축담까지 어지럽다
쫓기듯 부려놓은 짐일까 원목 옷장 서랍장이 한 벌
책장은 빛바랜 가화만사성 액자 아래까지 닿아 있다
어지럽게 뒤섞인 물장화 노란 운반상자, 기둥에 매달린 흙 바지
오전 오후 다른 시계가 나란하다
『경청』『창업신화』『진로백서』『대박나는 땅 투자법』에서 『say no』까지
널 뛰듯 치고 빠지는 대박 신화를 꿈꿨던 걸까
임진왜란 때 삼도수군통제사 이운룡 장군 혼이 이웃 서원에서
혀를 끌끌 찰까 영문을 모를까 찾는 후손은 대개 성공한 이들이니

세속적으로 혹은 공식적으로

유학사

익구실 지나 묵방 길
을해년 초파일 왁자한 절집 마당에
갓 돌 지난 손주 업고 탑돌이 한다
법당 요사채 단청은 제 색을 잃고 창백하다

아버님 징용 끌려가시는 날
집 마당에서 처음으로 안으셨다는 자식
대놓고 자식 어르기도 흉이라
맘껏 쓰다듬지 못한 날들 명치에 꽂혔으리
아비 잃은 자식 여린 명줄 잇던
극락전 치성 기도에 버선발이 닳고
애간장에 곡기마저 무른 밥으로만 넘기시던
어머님 무덤 떼잔디도 가로 누웠다

절집도 내리사랑이라
아들 내외 앞세워
칠성각 바위굴 초 밝히고 돌계단 돌아오면
쑥떡 찰떡 봉지 건네는

비구니
웃는 눈주름

회화나무 아래

의령 설뫼 마을 탐진 안씨 고택
잎 떨군 선비 나무 한 그루 있다
기와 얹고 덧바른 황토 담장 훌쩍 넘은 키
나무 평상 위 겹그늘로 누웠다
허리춤 묶은 그늘막도 무료하다
가지 많은 팔이 짧았나 보다
콧등 시린 날씨 걸맞게 쨍하게 맑은 하늘
문득 백 년 기울어진 시간 속으로 걸어 든다
답사 온 호사가들 툭툭 뱉는 묵은 사랑 얘기
경인년 전쟁에 타버렸다는 그네 자취
참 거짓 입방아도 한 시절 끝물인데
나는 함실 아궁이 앞에 돌아와 앉은 아이를 떠올려 본다
 정지간에서 채마 밭으로 종종 발은 잠겼겠다
 소문은 펄럭이다 제풀에 심드렁할 터
 그러거나 말거나 귀신도 물린다는 나무는
 내년 여름이면 하얀 꽃 매달고
 두런거리는 발에 또 귀 기울일 테다

백련사

웃골 고모님
무주상보시 공양주로 계시어
십 리 가례 더 지나 갑을 골짝
꾸불 산길 엄마 손목 잡고 오르면
초파일 전야 연등불 먼저 밝다
공무원 아들 둘 사업 너른 막내아들
울산 큰 회사 간부 안사람 고명딸
모두 긴 불공 부처님 가피라 여겨
절집 대소사 너른 걸음에도
할아버님 제사 들면
곱게 빗은 쪽머리 향내
조곤조곤 꾸벅잠 깨우셨다

머리 안개 짙게 깔린 소망요양원
깊었던 눈매 아지랑이로 풀려
우리 올치 우리 동생
그 목소리 길을 잃고
먼 허방 짚으신다

미아 찾기

누나 아버지가 자주 보여
자꾸 생각하니까 꿈에 나타나시지
난 아무 꿈도 안 꿔

끼룩끼룩 무리에서 떨어진 새끼 얼룩말
화면 속 세렝게티 초원이 울고 있다
며칠 주린 다리 꺾이자 몰려드는 하이에나 떼
카메라 눈 새끼 찾던 어미 비추고
연극같이 벌떡 일어나 젖 무는 새끼

의령 대목장 송아지 키워 나온 우시장
모처럼 쥔 지폐 다발에 손 놓친 막내
미친 듯이 장바닥 훑어도 안 보여
가슴 쥐어뜯으며 삼거리까지 오니
저만치 가고 있더라고 잊을 만하면 되뇌시던 아버지

오십에 제 짝없이
"난 생물 만지는 일이 좋아 누나"

시퍼런 손가락
서성이며 서걱거리는 가을
젖은 낙엽은
또 멀미다

의령 장날

포장상자 덮개 아래
토끼 다섯 마리 한 곳에 머리 박고
오렌지 하우스 문패 단
누렁이 넷 흰둥이 둘 서로 팔베개
뚫린 쇠창살에 장닭 세 마리
엉덩이 들고 먹이 쪼고
중병아리 스무 마리쯤 눈 뜨고 졸고
토종 오리 십여 마리 목 쳐들고
그 옆에 슬리퍼에 엑스 자 다리 꼬고
부채질 새 빗자루로 연신 비질하는 내외
모두 나른한
유월도 오후 두 시
이별이 무사히 건너가고 있다
오늘도

유월

가뭄 끝 부슬비에
어린 모 고개 제법 빳빳하다
콘크리트 부조 벽
기념탑만 에돌아선 곳
경인년전쟁에
지정 나루 붉은 물길
끝없이 이어졌었다는 소문
윗녘에선 못물 없어 한숨소리
가쁘다는데
강가라 무논도
축복인가
이 저런 사정 알 만한지
큰 놈 작은 놈
흰 진돗개 둘
도리질하고
헤실헤실
지정다리 건넌다

요즘 어디

쉿! 이리와
꼬신내 부엌 바닥에 깔리면
밥물 잦아든 아궁이 잔불 속 새끼 조기
윗집 연이 엄마는 장날이면 밥상 들이기 전
뼈째 한 마리 뜯고 본다는데
할메 너그 아버지 오빠들 동생 틈에
언제 맛이나 보겠노
얼른 삼킨 살점 목젖에 올라붙고
엄마와 딸 소심한 연대
잿더미에 몰래 묻었다

간장밥

딸깍 빨간 곤로에 앉힌 냄비밥이 타닥타닥 눋는다
좁다란 부엌 타일 벽을 기던 석유 내 자취 감추고
감질나게 가동거리던 양은 뚜껑은 매번 지레뜸이다
하교 후 동네 동생과 찬 없이 비벼
허겁지겁 씹을 새 없이 삼키던 허기는 바닥을 긁어도
스멀스멀 기어 나왔다
여섯 터울 회사 선배와 혼인한 친구 집에서
달걀 치즈에 비빈 아기 밥
불현듯 한 숟가락 거들고 싶어 삼켰던 침
한참 후 여드름 굵은 목소리로 그 아이 인사할 때
부끄럽던
먹어도 고팠던 자취생 선밥

논고동

나락을 줍고 있었다
큰 키 할머니
흙물 든 고무신 뒤꿈치 따라
설핏 든 꿈속인지 별안간
그것이 떠오른 거다
까슬까슬 마른 바람
타작 끝난 빈 들 아니
부치는 땅도 없는 이들 걷어 먹으라고
다 훑지는 않던 논바닥
쩍 갈라진 틈 찾아 몇 번 더듬어
손가락 쑥 찔러 넣으면
무슨 보물처럼 이내 손아귀 꽉 차던
그 저녁 밥상 귀한 별식
아니다 아니다 해도
불쑥불쑥 옛 그림이 필름 돌 듯
한바탕 휘젓고 나가는데
상념일까 잡념일까
또 물고 온 그 꼬리 제 정체

숨긴 채 구불꾸불 끌고 간다
삼십 년도 더 되신 할머니가
칠 년 되신 아버지 대신
불쑥 찾아와 앞장서신 날

연

새벽 운동 마치고 계단 내려오는 참
제 몸 접었다 펼치며
펄럭 쿨럭 마른 가지에 앉나 싶더니
곧장 전봇대 꼭대기에 턱 걸터앉았다가
이내 씰룩씰룩 찬 바람 손에
감췄던 비명 찢고 날아가 버렸다
별안간 들러붙은 발걸음

말수가 적으시던 아버지도
매섭게 춥고 길던 겨울방학 때는
양지바른 담벼락에 앉아 나무 깎고
철심 박은 맞춤 썰매 만들어 주셨다
무슨 부대 자루 자른 것에 대나무 살을
쪼개 붙여 만든 방패연은 덤이었다
종일 지치고 날리다 보면 배고픔쯤
쉬이 잊고 벌렁거리기만 해
손발 얼얼해도 지는 해 아쉬웠는데
지금 나보다 훨씬 젊었던 아버지

입히고 가르칠 자식 넷 늘
부풀었다 가라앉는 조막 가슴이셨을까

떨치고 잊혀가는 가속 시간이 놀라워
그깟 것에 마음 딸려갔다

수도사 부도탑

부처님 오신 날 만세루에 걸린 오월
극락전 부처 그 옛날 동방에서 건너온 콧날 눈매다
통도사 말사라 성파 종정과 대통령 이름
툭 써 붙인 연등 꼬리표에 매달려 있다
소원성취 발원도 서열은 있는 법
원효대사 제자 이끌고 들었다는 바위 계곡
칠왕소 가락국 칠 왕자 성불 인연 내게 닿을까 내심
아미타불 염을 재빨리 감아 넘긴다
사방 둘레 삼부자 불사에 부귀 절로 따라왔는지
우뚝 굽어보는 모감주나무 근처도 기웃거려 보고
돌계단 걸어 내려와 신덕산 정상 가리키는 팻말
지나면 겸손하게 낮은 화두가 뚝 뚝 나란히 맞는다
석탑 모형 하나에 작은 범종 닮은 돌탑 여럿
어느 탁발 객승 머물다 영원히 안거에 들었던가
 이끼 낀 바위틈 탁본 뜬 듯 스민 먹물 빛 더께 두
텁다
 솔가지 넌출에 걸려 바람에 나부끼는 오색 깃발들
 입적 든 스님 해탈 천도에 울력 중이다

이 길은 어디로

국수 가닥 맹키로 호로록 넘기도록 썰어달라 캐라
밀치 꼬신 2월이면 아버지 자꾸 생각나
재가요양 환자 돌보는 친구
이태 전 홀아버지 여읜 친구도 불러
뜨거운 국물 홀짝거린다
앉으면 빠지지 않는 고향 마당골
봄이면 동네 밭 쑥 캐러 가자는 약속
꾸미처럼 오늘도 얹었다 흘리고
꽃비 내린 이른 아침 감꽃 먼저 차지하러
눈곱 매달고 달리던 골목 얘기도
금방 멍들던 목걸이로 슬며시 떨구고

헤어져 나와 혼자 걷는다
여느 때 무심히 보던 보도블록 조각들
문양 속 갇혔던 비명이 새고
두 줄로 이어진 점자 길눈
끊긴 도로 끝

동태국

아무것도 필요 없다
의령 장날 사 오신
꽁꽁 언 명태 두어 마리
닭 손질하는 무쇠 칼로 토막 내시며
나중에 혼인해서 너희 집 가면
시원한 동태국 한 그릇만 끓여 주면 된다
비린 것 싫어하시는 것 알지만
하고많은 음식 중에 겨우 동태냐고
그까짓 것 하며
핀잔 얹은 투덜거림으로 서운함 돌렸는데

아이들 입맛도 제각각이라
객지 살림에 가끔 집밥 생각난다는데
입맛이란 것도 시간 포개져 쌓이는지
식구라는 명사가 새삼 각별하게 안긴다
내가 아이들한테 해 먹인 음식보다
엄마에게 받아먹은 음식이 불쑥불쑥 떠오르는 건
살아갈수록 무슨 조화인지 모를 일

지금은 두 분 모두 안 계시지만
아버지와 병원 다녀가실 때 들리신 딸네 집
간을 그런대로 맞추고 하던 때라
서둘러 내놓은 동태국 맛보신 엄마는
그래그래 내 딸 맞네 하셨다

경운기와 자전거

잠긴 대문 열면
맨 먼저 맞아 주는
경운기와 녹슨 자전거
경운기는 떠나신 아버지
자전거는 봄 뒤따라가신 엄마
빈집 빈 마당
손잡이부터 녹슬고 있다
수박 참외 농사에
비닐하우스 모포 실어
덮고 걷고 또 덮고도 돌아보시던
가장자리 상추 시금치 뜯어
늦저녁 가쁘게 차려내시던 마루
한낮 고요 오랜 기다림처럼 집안 가득한데
두 분 쓰다듬던 고양이만
식구 늘여 꼬리 비빈다

제2부

눌차

시간배 끊긴 선착장 더듬거리다
물러난 등대 하얀 발 앞은
고장 난 배 쿨룩 기침 재우는 윤활유
깡통 이리저리 쓸리고
시멘트벽 옆구리엔 짜장면 배달 번호 일필휘지로 날고
갈매기 대신 까마귀 떼 갯강구라도 찾는지
뱃전 기웃거리는데
아랑곳하지 않고 그물코 당기는 어부 낯빛 붉다
바다를 가른 방조제 순한 물길
엎드린 듯 누운 제 이름 탓인지
혹은 머뭇거리다가 똑 떨어진 내력 거슬러
공사 중인 집은 거침없이 바다로 향한다
줄지어 늘어선 운동기구들
가덕도로 해넘이 하면
임자 찾아 가끔 돌기나 하는지
갯바람에 한쪽 어깨마다 녹물이 번진다

출렁이는 라면

이른 새벽 해변 가까이
조업 중인 어선
중늙은이 빼고 피부색 검다
남해도 서해안도 아닌 삼척 바다
제자리 돌며 긴 갈고리 던져 넣고
그물을 건져 올린다
한쪽으로 쏠려 기울어진 뱃전
뺨 위태롭게 갈기는 파도
도무지 짐작 안 가는 작업 넋 놓고 한참을 바라보다
문득 인당수가 여기쯤인가도 싶어
혼곤해지는데
혼자 모래밭에 나앉아
실눈 뜨고 보니 바지락이 반들반들
소쿠리 낱낱 가득하다
새참인지 선 채로 봉지 뜯어 젓가락질
바쁜 이국 선원 둘
농어촌 가려운 일손 라면 국물에 말고
두고 왔을 가족이라도 떠오른 걸까

때마침 뒷걸음질 치는 파도

갑오징어

생물이라 시세 따라 몸값 들쑥날쑥더니
마트 할인행사에서 데려온
저 대양 쏘다니던 두꺼운 갑옷 더듬이 촉수
성마른 성정 아니랄까 스스로 덮어쓴 진한 먹
그를 토막 내 헤쳐 놓고 문득 들여다본다
늑골 이어붙인 듯 매끈하고 하얀 돛대 한 척
두툼한 살 속 절대 허우적거리지 않겠다는 듯
단단한 결기다
스무 살 막막했던 첫 출근 자주 넘어졌던 꿈
월급봉투에서 꺼내 산 두어 권 책이
그나마 쓰디쓴 초년생 비위 받치던 버팀목이었다
아래보다 위 속보다 바깥이 먼저 뵈던 미숙했던 눈길
쉰 끄트머리 주방 개수대 서서
뜨거운 물에 데쳐지고도 더 조여진 네 몸 빌려
돌아다본다
이젠 아이들 앞가림 덧대 자주 흔들리는 등대
내 돛은
몸 어느 구석 온전히 정박하지 못하고

아직도 숨 고르기 하고 있다

저동항

1
선창가 너머 고갯마루 언덕에는
울릉도 저동 도동 사람 껴묻은 공동묘지
척박한 화산섬 비석 아래
삶도 죽음도 겹으로 푸는 것인지
동해에서 나가 동해로 되밀려왔을 갈퀴손도
붉은 천에 싸인 애장도 전호꽃 융단이 어루만지고
밤 마실이 섬 객사길 보랏빛 붓꽃 무리 안색이 짙다

2
저물녘 오징어 배 밧줄 우는 소리
까무룩 오렌지색 기름띠 위에 잠든 갈매기 부표
한동안 씨가 말랐다는 오징어
이웃 나라 방사에
울타리 너 내 없는 바다라 이곳까지 닿는 사연
깊이 알 것 없이 이른 해 불쑥 맞는 새벽
좌판 아낙은 오토바이 손님 손사래에도
오징어 배를 덤으로 딴다

3
다시 밤바다
서로 닿을 듯 가득 핀 어화들
가늠할 수 없는 고요
빈 선착장
고기잡이 풍랑 맞은 아버지 기다리다 돌이 된
촛대바위 딸
망향봉 소나무 병풍도 모처럼 쉬이 잠들고
행남등대 홀로 환하다

스투키는 죄가 없다

스투키 새끼가 어미를 쓰러트렸다
창가 햇볕 바람 넉넉한 자리 차지하고
무더위에 제 새끼 소독소독 낳아
척박한 태생쯤 다발성 촉수로 덮는다
바깥은 마스크가 일상이라 안 사정은 데면데면
그저 지루한 여름 떠밀고 싶었던가
어미 몸 진물 빨려 허리까지 꺾이고야 알아챘다
식물도 동물도 반려시대
엮고 허물기도 사람이 변덕이라
첫눈에 반해 데려왔던
그러다 홀로 녹았을
비좁은 화분 왕성한 먹성은
패륜으로 막을 내렸다

우연이 아니라고

최정례 시「병점」을 읽은 이튿날
화성시 병점동 주소 둔 묘적부를 보았네
4년 전 사망한 이의 연고자 서류가 하필 책상에
마치 조간신문에 툭 양각된 듯
시인의 부고 기사를 보았던 날처럼
왈칵 쏟은 옷가지 속 양말 한 짝 찾아 뒤지듯
낯설었던 병점
쉬었다 가는 역이라 떡 팔다 생겼다는 이름
경부선도 닿지 않는 공원묘원 사무실에서 맞닥뜨린
곱씹어 삼키다 때로 우물거리다가
문득 선 말꼬리

왈칵 들어오는 봄

멀리서 보아도 알밴 벚나무
몸 풀 날 손꼽는지
손목 이파리부터 내밀어 볼까 궁리 중이다
간밤 뒤척거리던 동백
매무새 가다듬고
서둘러 묘목 시장에 불려 나와
쭈뼛거리는 블루베리 청년은
괜한 헛기침만 쿨룩 삼킨다
어제 섰던 장터에선 찬 바닥 쪼다
고개 든 비둘기 남매
무슨 일인지 두 발가락 뭉툭하다
폐지 손수레 노인은
출근 시간 앞당겨 바삐 끌려가고
첫 담배 물고 연기 내뿜으며
엇갈리는 공사장 인부
횡단보도에서 멀어진다
마지막 손님 내려다 주고
서둘러 버스 타는 직장인 대리기사도

아파트관리비 협상에
난데없이 잘려 나간 경비원도
늘어지게 드러누운 겨울

그래도 모르는 척 왈칵 밀고 들어오는 봄

발병

첫발 내딛는 순간 주저앉았다
끄트머리에서 올라오는 듯한 통각이다
언젠가는 하고 벼르고 있었을 거다
가장 낮아 숨죽이고 짓눌려왔던 나날
애초부터 정해진 자리였다
그냥 받아들이기만 하면 되는
뭘 꾸지도 주장할 수 없다
옆을 보아도 뾰족한 수 없다
본래 끼리끼리 고만고만 엇비슷한 처지라
본 듯 못 본 듯 재빠른 눈치
제가 저지른 것은 제가 담을 것
그래서 그러다가 터진 거다
일단 터트리고 봐야 하는 거다
제대로 한 방에
쓸고 끌어모아 부풀 대로 부풀어
기어이 솟구치는 피고름처럼
뜨겁고 예리한 맛

설악초

 칠원 밥집 할머니 마당에서 얻어 온 씨앗들 꼬들꼬들 물기 마르면 때맞춤이다 소나무 바람막이에 메밀밭 이웃한 공원묘원 쉼터 찬 서리 언 땅 먹거리 찾아 헤맬 까마귀 길손에 들킬세라 얼른 주먹치기로 꾹꾹 눌러 심는다 종종 앉은걸음으로 뒤돌아보면 산까치가 심은 듯 졸졸 따라오는 발자국

 봄 밟고 8월 초순 눈꽃 소복하다 알고도 눈 감아 준 뭇까마귀 멧새들 엄마 떨군 신부 웨딩부케마냥 새하얗게 부신 이파리 꽃

씨 없는 포도

큰아이 오면 주려던
포도 한동안 잊고 지냈다
맛있다며 마음 써 준 후배
쟁여 뒀는데 아뿔싸 급히 뒤적이니
웬걸 동그랗게 치뜨고 보는 송이들
사람 명줄 마냥
과일 보존도 능란해서인가
씨마저 발라낸 재배기술
식물본능도 흔들려 속는다

웃자라는 아이
늦자라는 아이
기다리지 못해
촉진 주사 한 방이면 끝나는
이름도 예쁜 식물호르몬
포도나무 맹한 그것은
아무것도 모른 채
오늘도 알알 송이

헛배 부푼다

입춘

1.
백세주 한 잔에 대길
한지 위 미끄러지는 먹글씨
향교 마당 분주하다
춘기 석전대제보다 먼저 나선
자식 자랑

2.
공원묘원 까마귀
마른 바람에 푸석한 깃털
오르내리는 변절기
서둘러 마친 평토제 끝물
던진 제물 땅에 닿기도 전 낚아챈다

3.
며느리 사랑이 하나뿐인 딸보다
낫다던 시어머니
뾰족빼족 올라온 첫물 부추는

어김없이 딸 차지

시묘살이

베트남 직장에서 돌아온 주검
게우고 게워도 퍼렇게 살아나는
애간장이 짓무른다
밤이슬 흠씬 젖어도
잦아지지 않는 시간
두 해를 넘는다
오래 먼 객지 생활에도
든든한 받침이었던 아들
홀로 갑자기 멎은 심장
복기하고 복기해도
더 저며와
어릴 적 떠먹이던 밥숟가락마냥
매일 차려내는 밥상
그래
아무래도
자식은 그저 먹이고 볼 일
산중 아들 끼니에
아들 또래 공원묘원 직원에게

때로 냄비째 도시락 안기는데
헤아려 물리지도 못하는
내외

은행

만삭 며느리 같은
눈치 없고
해거리도 없이
다디단 찬바람 마시고
애타게 닮고 싶어
누런 낯빛으로
기울고 찬
달

초란

마트 매대 가공 시간이 칸칸이 포개져 있다
나고 온 곳 까발려진 번호표
어린 것들에 대한 수치가 먼저인지
바닥 드러난 속내인지

1 방사
2 축사 내 평사 9
3 개선 케이지 13
4 기존 케이지 20

복지는 떨어진 복권처럼 나뒹굴고
조작된 배란
어린 어미 첫 해산을 꾸러미로 들고 온 날
끝자리 4번
파먹고 파먹다 끝내 적출될 자궁
토막토막 새벽 배송으로 당도한 신선식품

기차만 보면

헤어지려 딱 결심했는데
기차만 보이는 거라
라디오에선 철도파업 뉴스가
김현철의 춘천 가는 기차는
하필 왜 흘러나오는지
심지어 달 목욕 동생이
기차여행하고 싶다
고 실없이 들이댈 때 하
눈물이 앞을 가리더라
천생 철도기관사 마누라로 살 건가 봐
라는 친구 넋두리가
별안간 처연하게 돌연 들어와
재빠르게 달아나는데
내 연인이 기관사라면
애써 넘는 노을 더불어
갈까마귀 산봉우리 가를 때
일렬직관은 따놓은 당상이라
꼬리 한 백 량쯤 알록달록 달고

내친김에 가장 오래 깊어도 물속 훤히 보인다는
그 바이칼 호수를 떠올려보는데
나도 이젠 제법
궤도이탈쯤 꿔 볼 나이
연민은
낡은 추억일 뿐

네 쪽 사진관

소녀 소년 연인 친구
엄마 딸 아들 아빠도 오시라
오렌지 보라 곱슬머리 부푼 가발 쓰고
짧디짧은 네 순간
어차피 미덕은 압축인 걸
늘어지는 건 매력 없지
참을 수 없지
어제 연인은 지우고
오늘 연인은 레드카펫 주인공
골라 담아 장바구니처럼
삶의 이면쯤 누구나가 끌고 가는 그림자
눈 한번 질끔 감았다 뜨면
부끄러움 따윈 금방 잊히지
자주 샛노랗던 유년
길고 지루한 해가 덕석에서 말라가던
나락 같았던 사춘기
마냥 푸른 줄 알았던 짧았던 청년은
자주 낯선 얼굴로 덤볐고

어느새 한 서너 개 이름으로 불려도
그저 그만인 여자 하나
숨겨둔 날개 쫙 펼친다

누수

 천정인가 했는데 전등 스위치 관 따라 잘금잘금 벽 탄다 마치 기다리기라도 했다는 듯이 새어 나온다 질금질금 조롱같이 언제 어디서 시작된 걸까 헐거워진 머리가 몸으로 이어지는 조화 그랬다 내내 명치 끝 혹은 발바닥에 엉겨 붙어 따라다니던 찌꺼기 설마가 탈이 났다 마음이란 것도 앙다물어 꽉 조인 톱니바퀴처럼 맞물어야 했었다 행여나 빌미는 여지없이 컴컴한 입 벌리고 예고된 분탕질 꿈도 꾸지 말 일이다 혹독하다 그 대가 1% 그까짓 어떻게 되겠지 좀 모자라면 어때 요행은 내 편 어련하니 지금만 오늘만 아니면 후회는 담 넘고 물 건너 맥빠진 바람

비비추 친구

동네 체육공원 벚나무 아래
빙 둘러앉아 연보랏빛 등 밝히고
초록 방석 내어주는 비비추

비비적비비적
엉덩이부터 들이미는
막무가내 강아지와도 친구 하고

어느 해 산역 후 버려진 비석 틈
유난히 함초롬 짙었던
잊지 말라 들먹이던 손짓
어제 본 듯 닮았다

마창정비소

 늦은 점심 시켜놓고 식당 건너편 분주하게 일하는 사람들 눈에 들어왔다 차 바닥에 누워 뭔가 당기거나 그 옆에 서서 지켜보는 사람 둘, 눈으로만 둘러보고 있자니 그 가게 간판 확 꽂히는데 어랏 성기능 개선 뭐지 이게 왜 하고 다시 왼쪽으로 돌아가 찬찬히 읽어오니 자동차 성능 개선 하필 딸아이와 마주 앉은 터라 얼굴이 확 뜨거워 고개 돌렸는데 그 단어가 입속에서 굴러다닌다 그도 그럴 것이 며칠 전 한 친구와 달에 몇 번이 효율을 높이는지 아니면 땅바닥까지 내려가 기어가고 있는 갱년기 터널을 지나야 한다느니 우격다짐 한바탕 그나저나 여자 성능도 남자 성능도 정기적으로 전문적인 정비는 필수다

구름 훔치기

가랑비 는개 이슬비 보슬비 작달비 장대비 여우비
주머니 속에서 꺼내 쓸 비들이 비척거린다
도화지가 훔쳐 온 구름은
하늘에 뿌리는 씨앗
기후변화에 뾰족해진 이웃
너나없이 드러내는 속

마치 담요인 양 예사로 말리고 접힌 구름 막
서쪽 저쪽 국경 너머로 맥없이 끌고 간다

점

점이 위험하다
몸 중앙에 점
자신을 찌른다는 점
사춘기 앓을 새 없이
엄마가 세상 떠난 친구는
"다 점 때문이야 점"
엄마 닮아 하필 배꼽 가운데
그놈의 점
언제 내가 나를 밀어낼까
두렵다는 아직 어렸던 친구
젖가슴 아래 한가운데
또렷하게 박힌 내 점
나도 언젠가
나도 언젠가
낮의 점
밤의 점
어지럽게 찍힌 발자국
숟가락으로도 파낼 수 없는

깊은 못

제3부

재회

  그날 어떤 깨달음 있어 채색 그릇 잊고 대명광전 나왔을까 단청 불사 긴 장엄 여정에 비로자나불 그윽하셨겠다 산 아래 속가 어머니 간밤 떠나시고 통도사 가람 볕은 이마 위 뜨겁게 내려앉아 금어는 공양도 잊은 채 감로수 한 잔 축였던가

  대중 보살 염원 겹겹 쌓다 기울어진 임인년 북새통 260여 년 자락 끝 고주 기둥 주두에 홀연 나와 백자 분청사발 전한다

변산에서

느닷없이 떠난 여름
지지리 해거름 겨우 잡은 숙소
숨 막힐 듯 깔리던 붉은 노을 계단
그대로 오르고도
끌어당겨 덮고도 싶었던

이젠 물때도 제법 챙겨
해안 따라 바위길 걷는다
그때 떨궜던 설익은 젊은 내외자리
바닷가에 쏟아부은 듯
반짝이는 밤 모래가
바닥조명
어둠도
마치 무대 암막
기꺼운 조연이다

먼나무

막 이슬 깬 장흥 시장 가로길
무슨 나무더라
듣고도 매번 잊어버려 볼 때마다 묻는 이름
질문 속에 답 있다고 뭐라더라
붉다고 붉나무는 아니고
누가 이름 붙여 떠민 무슨 나무
둘레는 추위에 웅크린 김에
죄다 보호색으로 가려 얼어붙은 입들 투성이
말하지 않아도 그냥 넘어가 줘
눈만 동그랗게 뜨고
먼 데만 바라봐
꽃인 줄 알고 꼬여 들면
열매야 열매
따뜻한 남쪽 갯가가 맞춤이라는데
어릴 적 담 너머 탐스럽던
정미 집 앵두 같고
우리 집 해거리 감보다
더 붉었던

지실 미륵불

언제부터였는가
무릎까지 잠긴 여인
금방이라도 저린 다리 펴
굳은 땅 걷어 젖히고 나오겠다
부드럽게 흐르는 옷자락
둥근 어깨
오른 가슴에 올린 뭉그러진 손
선뜻 내밀어 줄 듯한 왼 뭉툭 손이
따듯하다 돌이 아닌 듯 아니 잊은 듯
마을 돌아 외진 논 언덕
잡목에 둘러싸여
더는 찾지 않는 미륵불
첩첩산중 기댈 데 없는
절절한 마음터 모여 앉혔던 걸까
전쟁기에 베어졌는지 잃었는지
모질게 잘려 흔적만 남은 목
분명 넉넉 온화한 모습이었을 얼굴은
땅속 깊이 묻혔는지 아예 부서져 흩어졌는지

얕고 짧은 짐작만 할 뿐
대신
발치께 또렷이 뚫린 성혈 바윗돌 하나
절절한 상징처럼 둥글게 누워있다
누군가 그 손 빌어 이어왔을 일가
떠나고 떠밀려 이제
청년도 아이 울음소리는 더 귀한
쓸쓸한 쓸모가 애처롭고
잊히고 근근이 버텨 갈
저 멀리 오도산
내려보는 눈길 아득하다

백중

법회 시간 이른데 모여드는 대중
부처께 엎드려 절부터 올린다
저마다 사십구일 짧고 또 긴 기도
이제 심심 회향 발원 날이다
우란분절
황망하게 보내드린 이에게
올리는 지극한 독경
법당 가득 채운다
일상에 묻혀 잊고 아로새겼던 반복의 날들
떠난 이와 남은 이가 만나
절절히 닿는 젓가락 부딪는 공양 소리가
엄숙하고 사뭇 떨린다

넉넉하지 않던 어린 시절
더위와 농한기가 함께 찾아오면
여느 때와 다르게 분주하던 어른들
해마다 팔이 웃자라 아래로 늘어지던
왕버들나무 아래 벌어지던 잔치

다리 건너 정암 들에서 손수레 가득
수박이 실려 오고 너내 없이
쪼개주시던 복숭아는 여지없이 벌레 한 마리쯤
들어있어 밤에 먹어야 제격이라셨는데
그이들은 이제 먼 기억 사그라졌다
그때 이날을 백중이라 들었다

같은 이름 다른 의식
사찰 마당
축문 소지하며 올리는 마지막 기도에
고요히 흐르는 땀

라오스 탁발승

밤새 분주하던 숙소 채 깨기도 전
옆 방 들릴세라 조용히 빠져나온다
아직 날이 밝으려면 한참 남았으리라
루앙프라방 거리
들었던 대로 벌써 자리 잡고 앉은 이들
여행객인 듯 두리번거리는 이와
익숙한 듯 잠자코 안고 있던 대바구니 살며시 내려놓는 이
바로 알아차리고 바구니 내미는 상인들
뚜껑 열어보니 가득한 쌀밥 따뜻하고
곁들인 과자 바구니도 무색한 액수에 비해 수북하다
속속 자리 채우고 앉는 사람들
곧 시간이 다가온 듯하다
아니나 다를까
붉은 장삼에 붉은 가사 맨발 승려들 한 줄로 걸어오신다
한눈에 보아도 대부분 어린 승려들
잠깐 마주한 눈빛

비닐장갑 낀 채 밥 한 주먹 과자 한 움큼 고루 바구니에
 시주하고 눈길 돌리니
 지나간 스님들 모퉁이 돌자
 기다리고 앉았던 어린아이들이 반대로
 스님들이 건네주시는 방금 시주받은
 밥과 과자 받고 있다
 부끄러운 호기심 얼른 내리고
 쭈뼛하게 올라오는 무언가 들킬세라
 담았다

합천호 근처

겨울 가뭄에 잠긴 긴 시름
근처 농사라도 짓는지 트럭 몰고 온 내외
늦은 끼니 서두르는 것 빼고는
방 안 식탁 헐겁다
은빛 빙어 소용돌이 도는 수족관만
숨 가쁜데 덩달아 날숨 뱉는다
낯선 음식 심드렁한 주인 남자에게
도리뱅뱅을 시킨다
해마다 이맘때 두 번 빼놓지 않고 다녀갔다던
배우 신성일이 좋아했다는데
단골손님 하늘나라에 뺏겼단다
산 자 떠난 자 즐긴 음식도 기억할까
목마른 호수가 쩡 운다
이 또한 이내 출렁일 것이다

잔설 모자 덮어쓴 산머리
쏙 고개 내미는 묵은 햇살

몽골 라일락

산등성이가 지고 오르는 집
겁 없이 뒤엉킨 차선
빵빵 요리조리 비틀어 달아나는 자동차 사이
느릿느릿 눈치 틀고 도로 건너는 사람들
회색 중앙분리대 속
길게 길게 잇는 가로수 라일락

울랑바타르
입안에서 구르는 이름
모진 계절이면 절로 갈라지는
태양도 데우지 못하는 땅은
연보라 꽃잎을 키워내고
나는 두리번거리던 허리
바짝 당겨 앉았다

마두금

울랑바타르 시내 공연장
화장실 앞 복도
검은 셔츠 청바지와 운동화
접이식 의자에 앉은 청년
무릎 사이 낀 악기
낯선 음색 발걸음 붙잡는다
다음 차례 연습일 듯
우뚝 선명한 말머리에 맨 두 줄 현
저 마르고 차가운 들
초원이라는 이름 무색한 땅
긴 해 아득히 먼 들판 넘으면
말 양 염소 낙타
게르 불러들였을 울림통
말이 내지르는 소리 닮았다는
온몸이 말인 악기
바람 같아 바람 소리 내는 걸까
세상 밖으로 밀어내던 울음
이젠 직업 연주자 손에 붙들려

오가는 여행객 귀 곁에
분주하다

간단 사원

  법회 끝난 후인지 승려 신도들 쏟아져 나오는 오후
  주홍 장삼에 붉은 가사 걸친 스님과 나란히 계단 오르는
  역시 붉은 조끼 등허리 또렷이 새겨진 한글
  영양군장애인지회
  몽골인일까 선 굵고 검붉은 얼굴
  문양이건 글자건 무심한 듯한 표정
  반갑고 엉뚱하다
  보따리 장사꾼 따라 국경 넘은 것인지
  아니면 재난 구호품이었을까
  언뜻 스치는 호기심 떨구며 마주한
  울랑바타르 시내 라마 사원
  유명 관광지답게 오가는 이 많다
  아직 홀대받지 않는 듯 헤아릴 수 없는 비둘기 떼
  던져 주는 모이에 길든 듯 시커멓다
  중앙아시아에서 가장 크다는 대불전
  황금 마니차 하나씩 돌리며
  쌓아두었던 말들 뱉어내며

기도에 든다

감포

고갯길 굽이돌아
맞닥뜨리는 솔숲 지나면
폐교 운동장
아이들 웃음소리 민들레만 품고
홀로 남은 은행나무
자동차 그늘막이나 되어
못내 견디고 있다
친구는 폐가 아팠던 딸아이
달여 먹일 요량으로 너풀거리는 민들레
뿌리째 뽑아 쟁이고
흔적만 남은 교문 돌아 나오면
바다로 난 샛길이 회 국숫발로 이끈다

한때는
그릇 굽고 나물 뜯어 오가는 이
밥 지어 먹이는 꿈
간절할 때 있었는데
동쪽 갯가에서 그 밥

파도가 끓이고 있다

가호동 아기 무덤

아주 먼
청동기였다

한눈에 사로잡힌
길이 1.15m, 너비 0.7m
돌널무덤

박물관 뜰에 옮겨져
빈 구덩이
마른 나뭇잎 구르고 날아와
옛 주인 대신
부엽토나 되려나

남강댐에 갇혀
못내 잊힐 작은 몸
누군가의 생채기
혹은
돌고 돌아와 맞잡은 내 손

가만
발걸음 잡혀
거리 따위는
잊고 만다

남촌식당에서 진목까지

진목마을 갯물 내려다보이는
이청준 문학자리 찾아
선 채 고개 숙이고
스무 살부터 이어가던 문턱 떠올렸다

차창 밖
뿌렸다 그치는 빗줄기 너머
매생이 양식장인 듯
반쯤 개펄 드러낸
회색 지주대 행렬

몇 안 남은 귀한 생물이라
드나드는 입들 분주할 터인데
몇 년 전 다녀간 맛 못 잊어
다시 찾은 갯가 식당
텅 빈 수족관
자물쇠 채운 출입문만 덩그렇다
독하게 훑고 간 유행병에

지고 말았나 보다

그러고 보니
원작 소설 배경 따라
올렸던 휴양 시설도 잡풀 우거져
버려진 듯 을씨년스럽고
패인 찻길에 고인 빗물
그이가 그린
음화와 양화처럼
바퀴 지나자
가위눌려
소리 지르며 깬다

이장

함안 강지골 강명리사지 발굴터
납작돌로 괸 석축 제 모습 남아 산 중턱 받치고
널찍했을 앞마당에 부서진 기왓장인지
여기저기 흩뿌린 듯 줄무늬 조각들 뒹굴고 있다
조사단이 헤집고 간 벌건 흙 쓸린 상처들
아직 새벽 찬 서리 내리고 아랫마을 못은
하루 다르게 겹 얼음 풀렸다 얼었다 메워가는데
코끝 매운바람 빼곤 막힘없는 햇살 달고 순하다
고려 시대에서 통일신라 거슬렀다는 풍문
마지막 승려가 스스로 떠난 폐문인지
잦은 환란에 할퀴어 스러졌는지 알 길 없지만
어느 누가 이 골짜기 멧밥 지고 서러운 걸음 했을
동냥젖으로 자란 아이 맨발로 든 산문이었을
갸웃한 상념 가파르게 오르내린다
저 멀리 까마귀 굼뜨게 우는데
머리 드니 소리 없이 매 한 마리 정찰 비행한다
누대에 걸쳐 대가 없이 복무 중인가도 싶고
산딸나무 칡넝쿨 사이 참새 떼 조잘조잘 박작거리

는데
  어느새 어둑살이 성큼 내려앉는다

제4부

도움닫기

헛구역질이 토막 나는 오후
내달리다 엎어졌던
빈 운동장
보지도 않은 입시에 떨어지고
교문이 닫혀버린 꿈 연거푸 꾼 날
가쁘게 계단 기어오르면
치밀어 오르던 욕지기
항문을 옴팡 오므리고
발뒤꿈치 접는 시간
내일을 걷잡고 튀어 오를 수 있다면
납작 엎드린 오늘은
기꺼이 받아먹겠다던
나는
이제 긴 달림길도 마다하지 않는
마라토너

생활체육

냉기 옷깃 속으로 파고드는 새벽
수영장 샤워실이 북적인다
공공은 공공연하게 선 넘는 곳
평생 배웠을 절약이
고칠 수 없는 습관처럼
떳떳하고 뜨겁게 익는다
발갛게 발갛게
왼쪽으로 젖힌 수도꼭지 도무지
돌아올 기세 없다

화장실 앞 뻣뻣이 넘어진 할머니
반쯤 내린 수영복
여럿 달려들어 심폐소생 도우니
이내 퍼렇게 질렸던 입술 달싹이고
닫혔던 눈 천정 더듬는다
곧 들이닥친 구급대
병원 검진 필요하다며
자녀 연락처 달라니 극구

괜찮다 괜찮다
손사래다

어떤 서예가

점포정리
반값세일
동광사 유리벽에
나붙은 붓글씨
초등학교부터 고등학교까지
교육단지 육교 건너 바로 밑
낡은 간판 말쑥이 파스텔색 페인트로
단장한 지 오래지 않았는데
덜컥 고장 난 시계

아이들이 한바탕 빠져나간 오후쯤이면
화선지 더미가 먼저 맞고
내부 수리로 갈아입어도 한갓진 주인은
서둘러 먹물에 붓을 적시는데
가끔 보이던
아들 같은 청년 어깨 앞뒤를 잰다
문구점도 책방도 전자 장터로 숨은 지 오래
먹글씨 두 문장만

완강하게
버티고 있다

부레옥잠 터진

연두 별들이
돌확 웅덩이에 빠졌다
꼬리를 물 아래
감추고

여리디여린
어린 발자국들
떠나온 하늘 향해
가쁜 숨 내쉬며
공기주머니 부풀린다

자동차 정비소 담벼락
왈칵 토해낸 묵은 기름띠 핥으며
자라나는 대박 신화들

저마다 뒤채다
햇살에 펑 터진 간밤
낯익은

겹겹 증표 그득하다

노란 장수의자

팔 차선 횡단보도 앞 전봇대에
마음 바쁜 노인 쉬어가시라
붙은 의자
왜 장수일까 갸웃하는데
누군가 번뜩이듯 떠올렸을까 쓰임새
공경은 사전 속에서 바래가고
잊힌 지 오래
신호 바뀌자 점멸하는 깜박 등
졸아드는 숫자가 숨 가쁘다
유모차는 미는 지팡이
느린 두 발은 이내 깨금발을 띈다
이웃했던 텃밭 동기도
새벽 목욕탕 나눠 마시던 우유도
이젠 뿔뿔이 그리운 엊그제

샛노란 장수의자
전봇대 다리 춤에 꽉 매여
물끄러미 본다

무뎌지다

가까운 이들 부음이 날아든다
언제까지나 주변을 싸고 있을 것만 같은
가족 스크럼 또
녹슨 세월에 느슨해진 매듭이
좀먹고 삭으며 툭 한 올씩 끊겨 나간다
알아채기도 전에 소리 없는 무서리
친구 여럿 모여
영정 바라보고 잔 올린 후
깊이 엎드렸던 고개 들고 돌아 나와
미지근한 시락국에 무심코 밥 만다
주고받는 근심은 이미 낡은 의례
죽음이 삶을 예사로 타 넘는 일상
아직은 이른데 일렁이지 않고
피식 꺼져버리는
식은 마음이 바닥에 구른다

저장 목단꽃

곁에 두면
너도나도 제 발로 오는지
손전화에 옮겨 심는다
사철 내내
시들지 않고
언제 어디서든
열기만 하면 함박
달랑거리는 예금잔고
스윽 밀고 당겨
손가락만 까닥하면
피어나는 꽃
파지 줍는 노인
낙방한 수험생
날일 떨어진 아버지도
마다않고
건네는 복 꽃

코스모스

구월이 무색하게 뜨겁다
함안 대산 가로길
아이 무릎 키 코스모스 꽃길
오종종 어깨 맞대고 긴 줄 섰다
한눈에 보아도
닮은 듯 다르다
눈에 익은 그림에서 조금만 비껴도
다시 돌아보는 무심한 버릇이
출근길 중저가 커피집 앞에서
마트 주차장 앞 택시 정류장에서
목욕탕 안에서도
바라본다 다르구나
나도 나가면 어색해진 내가 나를
바라본다 다르구나
달라서 편하고
눈 밖이라 마음대로 핀다
다리 뻗는다

대영연립

벽돌마저 땀 흘리는
여름 한복판

2층 창밖 혀 빼문
에어컨

콘크리트 계단
비스듬히 선 그늘

절로 빳빳이 마르고 있는
베란다 모시 적삼

그 아래
물 조리개 실은 유모차 보행기

촘촘히 거꾸로 박힌 페트병 울타리에
꼿꼿한 쪽파 상추

뭇 강아지들
질금 오줌
비비추 현관

울먹이는 성산

그렇게 쉽게 놔 줄 리 없지
봉인된 목소리 흩어진 토막 얘기 떠도는
성산 일출봉 절벽 아래
입 벌린 검은 구멍들
파도 갈기 벌려 절벽에 냅다 꽂는다
잊지 말라 그저 생긴 오늘일 리 없다
휘감는 너울 물 바위 웅성거리고

허리에 찬 부이 속절없이 떠밀린다
유행병 피해 온 바다
갯바위 낚시꾼은 흘깃 눈길 주곤
제 일 바쁘고 바뀐 물길
자꾸 몸을 제자리에 가두는데
말로만 듣던 조류
어제 그제 연이어 지낸 제사 때 뵌
조상님까지 불러
벼락치기로 드리는 치성이 낯 뜨겁고
먼 수평선

울먹이며 뒤채는
마바름

하지 평토제

신축년 한낮 볕에
검은 옷 상주들
양산 펼치고 여는 평토제
뜨거움도 산 사람 몫이라
이리 틀고 저리 틀어 볕 가리기 바쁘다
슬픔도 한 사나흘
장례식장에서 장지까지
손님맞이에
의례만 덜렁
소풍도 운동회도 날씨 운
이승 날은 화창한 날
공휴일 끼워
덕을 베푼다
매듭은 이렇게 짓는 법
그러나 오늘
태양은 높아서
듣지 못한다

요양병원에서

오빠 내 좀 델꼬 가라
허방 짚는 아침이 우렁우렁하다
간밤 내내 이 고랑 저 고랑에 굴렀어도
생채기 없이 말간 얼굴이다
침대 양 모서리 팽팽하게 당겨진 보호 장갑은
밀치락달치락 끝에 한풀 꺾였다

한밤중 든 도둑에 부러진 어깨로 든 병실
두 발로 걷던 걸음이 침대에 묶이고
머리길 끔벅끔벅 길을 잃더니
하얀 오뚝이처럼 누웠다 일어났다
하루해 너울너울 넘는다

고부

풋나물은 그저
손가락 새로
구정물이 질금질금 나올 때까지
무쳐야 지 맛이지

하물며 푸성귀도
제대로 데치고 주물러야
풋 비린내 가시는 걸
참 뭣도 모르고 살았제

눈 질끈 감고
숨 고개 한번 턱
넘으면 되는 줄 알았는 기라

밭 등성이 메밀꽃
튀밥처럼 왈칵 터진 날
풀린 다리 앞서거니 뒤서거니
산소에 엎어져

어무이
장맛보다 손맛이 낫지예?

곁가지 움 틔울 때

쇠톱 숲 들썩이면
간혹 보이던 산꿩 가족 죄다 숨었다
이 산 저 숲이 제집인 것도 잊은 채
진달래 꽃그늘로 종종 걸어 들었다
소나무 안간힘으로
곁가지 움 틔울 때
첫 아이 첫 학부모 첫 며느리 그 수많은 첫을
한 구멍에 모조리 욱여넣은 날
내 편은 꾸겨진 종이
몸은 연기처럼 흩어지고
턱 밑 숨부터 차올라
곤두박이로
고라니와 곁하고 싶었다

쇠똥구리

쇠똥구리는 가늠한다지
태양 나침반
각인된 몸속 지도 따라
외로운 행군
벌판만이 묵묵 지켜보고
제 몸보다 커다란
봇짐 둥글게 굴리고 굴려
당도한 보금자리
자식도 길러낸다는데

이제는
포상금 내걸어도
찾을 수 없는
어느 간절한 염원
닮은
몽골에서나 볼 수 있다는
작은 갑옷 병정

도너스 식당

아들 업고 길거리 도너스 팔던 때
도나스야 하면 돌아보던 아들
입에 붙어 그길로
도나스 식당
철 따라 생멸치 무침
병어 8,000원에 들여와 10,000원
살짝 얽은 자국도 비껴웃는 도너스 아줌마
신마산 시장
도너스 없는 도나스 식당
들고 나는 단골들
피워올리는 도넛 연기 모아
이엉 엮어 올리면
걱정 따위는 잠시 0
막걸리 한 잔 1,000원

놓친 손

빨래 걷다 거미줄 터졌다
재빨리 벽 타고 도망치는 어미
양 사방 흩어져 달리는 알들

놓쳤다 엄마 손
돌아오지 말았어야 했다
굳게 닫힌 요양병원 문

그 밤만은

겨울 가뭄

새벽 비 후두두 도둑처럼 다녀간 날
오십 년 만이라는 겨울 가뭄에
잦은 산불 해를 넘기고
마늘 양파 뿌리째 말라 주저앉았다는 소식
뒤로 한 채 흙내 풀썩이는 뒷산 올랐다
붙박이 문패로 맞는 바위도
이끼 쩍쩍 갈라져 무릎께 그대로다
먼지바람 중턱까지 따라 올라와 말 건네고
왁자지껄 참새들 속도 모르고
잡풀 속 휘저으며 훼방 놓는다
풍경에만 눈 두고 들리지 않던 소리
별안간 온통 머릿속에서 우짖는다
언젠가 한숨 길게 내뱉던 엄마
무슨 이야기였는지 놓쳐 버렸고
쓰라림은 본디 기한이 없어
불쑥 제 낯짝 들이미는데
기껏 재잘거리는 새 소리는
알아듣기라도 하는 양

귀 바짝 세운다

백두산

차창 밖 여위고 흰 당나귀들
더러 꼿꼿하게
채찍 바람 버티다 어느새
부릅뜬 채 휙휙 지나간다
자생인지 간벌인지
뭉쳤다 흩어졌다
산모롱이 어지러이 돌며
자동차로 오르는
백두산 특가여행
앉아서 오르다니
서늘과 온기 한입에 뒤섞여
쓰고 단 맛 제멋대로
소용돌이쳐 목구멍 넘는다
내 줄 때 불끈했다
쉽게 식고 마는 땅 이름
구경꾼답게
애꿎은 버스 손잡이만
비틀어 깨운다

오작교 연애

보름달 기울 듯 졸지에 한쪽으로
기운 갑분 할머니
목울대도 삼키고 반 눈 껌뻑여도
두고 온 영감님 조석 걱정
빗장뼈에 찌르륵 고인다

동지부터 오가던 맏딸은
칠석 앞두고 부려놓고 갔다
할아버지 난생처음 타셨다는
장거리 택시로 요양병원 오 층 세 들고
지팡이로 오르내리는 삼 층 승강기
오작교다

창밖 제라늄은 붉어 수줍게 마주 잡은 손길에
꿈뻑 고개 든 할아버지 눈길은
못내 접고 만 편지

해설

철 따라 환해지는 분분한 틈새,
그 미세한 꼭지에 닿으려는 언어의 눈빛
-김영화 시의 세계

정훈(문학평론가)

  오랜 도시 생활로 유년 시절 잠시 머물렀던 시골 마을 풍경을 떠올리면 까마득한 시간이지만 금세 또렷한 이미지로 재생되는 경우가 있다. 그런 경험은 참으로 특별해서 시곗바늘을 마냥 되돌리고만 싶어진다. 대체로 '가난'이 무대 위 고정된 배경처럼 뒤따라 나오고, 소박하여 더 이상 낮아지기 힘들 만큼 어진 가족들, 그리고 산과 내와 들판이 놀이터나 다름이 없었던 자연의 풍경을 헤아리다 보면 야속한 세월과 존재의 허망함마저 들기도 한다. 시가 이런 자연의 형식과 인간의 감회를 언어로 직조하는 장르라는 점에 이의를 다는 사람은 아마 없을 것이다. 그래서 수많은 시인이 소재로 삼아 이제 되돌아갈 수 없는 유년의 추억과 고향에 얽힌 여러 심사(心思)를 토

로하였다. 이 짧은 언어 형식에 담긴 시인의 기억 속에서 파낸 소재들은 많은 이들이 보편적으로 공감하고 기억해 내는 것들인 경우가 대부분이다. 사람마다 차이가 있겠지만 한국 사회가 근대화와 산업화로 여념이 없던 때 가족공동체를 중심으로 펼쳐진 전통적인 사회구조는 개인마다 지니고 있는 정체성과 개성을 존중하는 가운데에도 집단의 '공통 의식'이나 전통으로 내려오는 갖가지 의례를 중시하는 경우가 많다. 이런 체험은 성인이 되어 '도시민'으로 편입되는 때부터 일기장에 기록된 '개인 서사'의 낡은 페이지로 남게 되는 것이다.

  김영화 시인의 시집을 읽으면, 그런 '자연 문화'의 요소가 짙게 배어 있음을 알 수 있다. 시인이 고향에 대한 기억이 생생하고 그 체험 방식 또한 정겹고 정감 어린 것이어서 마치 눈앞에 영상으로 생생하게 재생되듯 선연하다. 이런 효과가 나타난 이유는 아무래도 시인이 현장성을 직핍하게 드러내려 언어의 질감과 빛깔을 고심해서 고른 까닭이라고 보인다. 이러한 '시적 물색'이 김영화의, 시인으로서 성실하고 부지런한 면모를 드러낸다. 이 점은 시인이 관념이나 추상의 영역에 사로잡혀 난해한 영역에 접근하려는 생경한 언어 형식이 판을 치는 오늘날의 현대

시 추세에 비춰 소중하지 않을 수 없다. 시인의 체험 바깥에 놓여 있는 세계를 상상으로 유추하거나 실감이 없는 언어의 헛배만을 부르게 하는 말의 과용(過用)이 독자들의 무관심을 불러왔다는 사실을 상기하면 김영화의 시 세계와 언어는 정통 서정시의 울타리 안에 있으면서도 시인만의 독특한 체험과 시 의식으로 말미암은 시적 성취를 가져온다. 시인이 이번 시집에서 대체로 많이 다루고 있거나 주요한 소재로 사용한 것이 바로 '절기'에 관한 것이다. 다음의 시편을 보자.

> 삼월 끝날 버들강아지 실눈 껌뻑이고
> 대곡천 도랑도랑 양 갈래로 머리 풀고
> 제비꽃 민들레는 땅따먹기 놀이
> 복사꽃 오므린 입 삐죽
> 보리밭 마늘밭 가장자리 고사리 기지개 켜는데
> 언덕 비알 외늙은이 가랑가랑 쇠스랑 긁는다
> 퇴각하던 인민군 서넛 묻어줬다던
> 적포나루 쪽 밭고랑에도
> 양수기로 퍼 올린 논물 찰랑거리고
> 해마다 큰물 들면 옥수수대 하나 못 건지던 들
> 경지정리로 멀끔한 사각 도형 씨 밭을 태세다

거뭇거뭇 살찐 독수리 열댓 마리
액비 뿌린 논 죽은 송아지 살점인지
식탐으로 해 넘는 줄 모르는데
성마른 고라니 한 마리
재빠르게 논 질러 둑방 차고 오른다

-「저마다 봄」

 봄을 소재로 한 숱한 시편들은 시인 저마다 그리고자 하는 단편적인 세계와 정서를 중심으로 형상화한다. 아마 절기나 계절 가운데 시에서 가장 많이 사용된 게 '봄'이지 않을까. 만물이 소생하고 얼었던 땅과 식물이 기지개를 켜고 생동하려는 기운이 솟구치는 계절이 봄이다. 이 봄이 수많은 시인에게 특별한 인식을 가져다준 까닭은 무엇일까. 아마 '생명'으로 통칭할 수 있는 존재의 기운과 의지가 그 원인이 될 수밖에는 없다. 온통 잿빛으로 수렴하고 움츠러들었던 겨우내 숨죽이면서 자신의 존재성을 잃지 않으려 애를 썼던 존재가 일기(日氣)의 변화와 운행으로 절로 재탄생하게 된 것이다. 그리고 이런 풍경이 펼쳐지는 땅 위의 모든 변화는 사람들에게 희망과 의욕을 불러일으킨다. 위 시에서 시인이 보는 것은 온갖 꽃과 식물과 동물, 그리고 마을의 숨겨진 역사를 간직

한 장소이다. "삼월 끝날 버들강아지 실눈 껌뻑이고/ 대곡천 도랑도랑 양 갈래로 머리 풀고/제비꽃 민들레는 땅따먹기 놀이/복사꽃 오므린 입 삐죽"이란 구절에 주목한다면, 말 그대로 '저마다' 다양한 형상으로 봄을 맞이한다는 사실을 알 수 있다. 물론 이러한 생명의 형상은 시인이 개성 있게 표현한 언어의 질감으로 비롯된다. '저마다 봄'이란 시제에 담긴 개별 존재의 다양한 빛깔 역시 시인의 애정과 관심이 녹아 있다. 이렇게 봄이 되면서 온 산천과 마을과 사람이 생동하기 시작하는 풍경이 자잘하면서도 기운 가득한 움틈으로 확장하는 일, 그 생명의 대서사시 한 토막을 시인은 시로써 형상화한 것이다.

포장상자 덮개 아래
토끼 다섯 마리 한 곳에 머리 박고
오렌지 하우스 문패 단
누렁이 넷 흰둥이 둘 서로 팔베개
뚫린 쇠창살에 장닭 세 마리
엉덩이 들고 먹이 쪼고
중병아리 스무 마리쯤 눈 뜨고 졸고
토종 오리 십여 마리 목 쳐들고
그 옆에 슬리퍼에 엑스 자 다리 꼬고

부채질 새 빗자루로 연신 비질하는 내외
모두 나른한
유월도 오후 두 시
이별이 무사히 건너가고 있다
오늘도

-「의령 장날」

  세사(世事) 풍경의 한 조각을 생동감 있게 잡아내는 눈길이 예리한 시인은 고향 의령 장날의 모습을 핍진하게 그려내고 있다. 「의령 장날」에서 묘사하고 있는 장날의 풍경은 우리가 언젠가 한 번쯤 보았음에 틀림이 없는 시골 장터의 단면을 고스란히 보여 준다. 장터에 내놓은 토끼, 강아지, 닭, 오리 등의 구체적인 형상과 함께 "그 옆에 슬리퍼에 엑스 자 다리 꼬고/부채질 새 빗자루로 연신 비질하는 내외/모두 나른한/유월도 오후 두 시/이별이 무사히 건너가고 있다"고 말하는 시인의 두 눈은 장날의 왁자지껄하고 어수선한 풍경보다는 고즈넉함과 나른한 초여름 낮의 시골처럼 정적이면서 시간의 물살이 잠시 멈춘 듯한 상황을 스케치하고 있다. 팔려고 내놓은 가축들이 아직 팔리지 않아서인지 상인과 가축의 "이별이 무사히 건너가고 있다"고 표현한 대목도 흥미를

끈다. 그러나저러나 가축은 누군가의 손에 붙들려 새 둥지를 찾을 터이고, 이 짧은 순간이나마 마지막으로 대명천지 한복판에 이끌려 나온 생명들이 한가로이 오후의 빛으로 둘러싸인 채 덩그러니 놓인 장면을 연상하는 일은 독자에게 또 다른 상상의 세계를 확장하는 것이다.

  시인이 그리는 고향 마을 사람과 풍경의 알록달록한 형식은 시어의 알차고 생생한 배치에 있다. 김영화는 언어로 그리고자 하는 세계의 깊숙한 곳까지 들어가서, 그 세계가 시간의 흐름에 따라 어떤 변화를 겪어왔으며 변하게 되는 구체적인 지점의 표정이 어떠한지 캐묻고자 한다. 그래서 마치 한 장의 그림처럼 그려진 언어의 숲길을 더듬다 보면 괜스레 전해지는 아련한 정서가 전경에 부풀어 오르는 것이다. 이는 대상을 응시하는 시인의 깊은 눈매와도 관련이 있다. 메마르고 딱딱한 소통 관계가 우리 사회를 점령하고 있는 이때, 시인이 되살리고자 하는 세계는 과연 무엇이었을까. 잃어버린 공동체에서 서로를 갉아먹지 않고 오순도순 정겨운 마음씨로 살아가는 세계는 그의 붓끝에서 되살아나 형상화된다. 시인이 시로써 드러내는 시간대가 비록 지난 시절 힘겨웠던 때의, 지금은 퇴색해버린 세계의 시간이지만 오늘날 우리에게 던지는 의미와 메시지가 어떻게 시로서 표현될 수 있는지 그리고 그 이미지가 말하는 세계의 속내를 어떻게 매만져야 하는지 귀띔한다.

>시간배 끊긴 선착장 더듬거리다
>물러난 등대 하얀 발 앞은
>고장 난 배 쿨룩 기침 재우는 윤활유
>깡통 이리저리 쓸리고
>시멘트벽 옆구리엔 짜장면 배달 번호 일필휘지로 날고
>갈매기 대신 까마귀 떼 갯강구라도 찾는지
>뱃전 기웃거리는데
>아랑곳하지 않고 그물코 당기는 어부 낯빛 붉다
>바다를 가른 방조제 순한 물길
>엎드린 듯 누운 제 이름 탓인지
>혹은 머뭇거리다가 똑 떨어진 내력 거슬러
>공사 중인 집은 거침없이 바다로 향한다
>줄지어 늘어선 운동기구들
>가덕도로 해넘이 하면
>임자 찾아 가끔 돌기나 하는지
>갯바람에 한쪽 어깨마다 녹물이 번진다
>
>―「눌차」

가덕도 눌차항의 풍경을 그린 위 시는 한때 수많은 고기잡이배와 주민들로 수런거렸을 조그만 포구가 시간의 더께에 떠밀려 쇠락해진 현재 상황을 실감나면서도 적요하게 묘사하였다. "고장 난 배 쿨룩 기침 재우는 윤활유/깡통 이리저리 쏠리고/시멘트벽 옆구리엔 짜장면 배달 번호 일필휘지로 날고" "줄지어 늘어선 운동기구들/가덕도로 해넘이 하면/임자 찾아 가끔 돌기나 하는지/갯바람에 한쪽 어깨마다 녹물이 번"지는 어촌 항구를 상상한다. 사람들이 떠나가고 번성했던 옛 항구의 흔적만 남은 모습은 많은 생각을 불러일으킨다. 변하지 않는 게 없는 세상이라지만 불과 십수 년이 지나지 않아 지난 모습이 사라지고 새로운 모습으로 자리하는 요즘 거리나 마을을 떠올리면 애잔한 정서가 찾아온다. 시인은 눌차항을 찾았던 때를 더듬어 그 풍경이 주었던 여러 이미지와 이야기를 그러모은다. 낡은 포구뿐만 아니라 어쩌면 사람도 마찬가지일 것이다. 세월이 흐름에 따라 점점 쇠약해지는 체구나 건강과 아울러 정신 또한 활력과 기운을 조금씩 잃어가는 인생이다. 사람이 마치 석양이 질 무렵 산등성이에 아슬아슬하게 걸린 해처럼 붉은 탄식을 뿜어대면서 사그라드는 모

양새를 보이듯, 항구가 제 노릇을 하지 못하고 잊힌 옛 서사처럼 누렇고 앙상한 장소로만 남을 때 존재의 허무함을 어쩔 수 없다. 시인이 바라본 것은 초라한 항구의 형식이 던지는 메시지를 통해 인간 사회와 자연의 교감과 소통이 불연속적이고, 마디마디마다 격절(隔絶)된 시간이 만들어 내는 황폐함이다. 이 황폐함은 언젠가 새로운 모습으로 탈바꿈하여 또 다른 추억의 공간인 생활 터전으로 놓이게 될 것이다.

> 법회 시간 이른데 모여드는 대중
> 부처께 엎드려 절부터 올린다
> 저마다 사십구일 짧고 또 긴 기도
> 이제 심심 회향 발원 날이다
> 우란분절
> 황망하게 보내드린 이에게
> 올리는 지극한 독경
> 법당 가득 채운다
> 일상에 묻혀 잊고 아로새겼던 반복의 날들
> 떠난 이와 남은 이가 만나
> 절절히 닿는 젓가락 부딪는 공양 소리가
> 엄숙하고 사뭇 떨린다

넉넉하지 않던 어린 시절
더위와 농한기가 함께 찾아오면
여느 때와 다르게 분주하던 어른들
해마다 팔이 웃자라 아래로 늘어지던
왕버들나무 아래 벌어지던 잔치
다리 건너 정암 들에서 손수레 가득
수박이 실려 오고 너나 없이
쪼개주시던 복숭아는 여지없이 벌레 한 마리쯤
들어있어 밤에 먹어야 제격이라셨는데
그이들은 이제 먼 기억 사그라졌다
그때 이날을 백중이라 들었다

같은 이름 다른 의식
사찰 마당
축문 소지하며 올리는 마지막 기도에
고요히 흐르는 땀

-「백중」

시간이 장소와 생활공간을 차츰 간편하고 실용적인 기능에 맞춰 변모하게 하듯, 명절이나 세시풍속을 맞이하는 우리 마음과 태도도 점점 합리적이고 소박해진다. 조선시대 이래 불교문화가 뿌리 깊었던 우리나라가 요즘 젊은 세대를 중심으로 확산되는 K-문화를 비롯한 새로운 첨단문화의 잇따른 수용으로 불교 5대 명절 중 하나인 '백중(百中)'을 제대로 맞이하거나 보내는 일이 차츰 줄어들었다. 시인은 절에서 올리는 백중 의식과 기도와 함께 백중날 어릴 적 가족과 이웃의 모습을 기억한다. "다리 건너 정암 들에서 손수레 가득/수박이 실려 오고 너내 없이/쪼개 주시던 복숭아는 여지없이 벌레 한 마리쯤/들어있어 밤에 먹어야 제격이라셨는데/그이들은 이제 먼 기억 사그라졌다/그때 이날을 백중이라 들었다"는 기억이 선연하게 제시되고 있다. 백중이 아니더라도 때에 따라 주기적으로 돌아오는 세시(歲時) 특정한 날이 돌아오면 벌이는 각종 행사나 의례는 개인 문화가 횡행하는 요즘에는 보기 드물어졌다. 시대가 변한 만큼 풍속의 의미가 덜해지고 그 중요성 또한 옅어졌다. 시인이 기억하는 백중날의 풍습은 지금은 어렴풋하게나마 '행복'이라는 감정으로 남아 있는 것이다. 우란분절 엄숙한 사찰 의식의 형상화와 마을 사람들의 건강하고 즐거운 잔치의 대비가 묘하게 어우러지는 위 작품을 통해 과거와 현재를 이어주는 보이지 않는 끈이 무엇인지 생각하게끔 한다.

함안 강지골 강명리사지 발굴터
납작돌로 괸 석축 제 모습 남아 산 중턱 받치고
널찍했을 앞마당에 부서진 기왓장인지
여기저기 흩뿌린 듯 줄무늬 조각들 뒹굴고 있다
조사단이 헤집고 간 벌건 흙 쓸린 상처들
아직 새벽 찬 서리 내리고 아랫마을 못은
하루 다르게 겹 얼음 풀렸다 얼었다 메워가는데
코끝 매운바람 빼곤 막힘없는 햇살 달고 순하다
고려 시대에서 통일신라 거슬렀다는 풍문
마지막 승려가 스스로 떠난 폐문인지
잦은 환란에 할퀴어 스러졌는지 알 길 없지만
어느 누가 이 골짜기 멧밥 지고 서러운 걸음 했을
동냥젖으로 자란 아이 맨발로 든 산문이었을
갸웃한 상념 가파르게 오르내린다
저 멀리 까마귀 굼뜨게 우는데
머리 드니 소리 없이 매 한 마리 정찰 비행한다
누대에 걸쳐 대가 없이 복무 중인가도 싶고
산딸나무 칡넝쿨 사이 참새 떼 조잘조잘 박작거리는데
　어느새 어둑살이 성큼 내려앉는다

-「이장」

김영화의 시에 드러나는 옛 공동체 문화 속 사람들의 생활과 의식은 언어의 정갈하고 촘촘한 구성과 배치를 거쳐 잘 구워진 도자기처럼 예스럽고 질박한 느낌을 준다. 이번 시집 전편에 그런 분위기를 감지할 수 있는데, 이는 시인의 시 쓰기가 그런 세계를 지향한다기보다 시의 소재가 되는 대상과 존재들이 우리 삶에 깊숙이 들어와 있었기 때문에 인간의 성정을 가장 잘 알 수 있는 상징적인 형식이기 때문이다. 이를 언어의 직조를 위한 매개로 가져오는 일은 사람과 문화에 대한 관심과 애정이 없으면 허허로운 관념이나 공염불에 그칠 공산이 크다. 시인은 기억 속에 머물고 있는 유년의 세계와 공동체적 습속을 잊지 않으려 한다. "조사단이 헤집고 간 벌건 흙 쓸린 상처들/아직 새벽 찬 서리 내리고 아랫마을 못은/하루 다르게 겹 얼음 풀렸다 얼었다 메워가는데/코끝 매운바람 빼곤 막힘없는 햇살 달고 순하다"는 표현에서 볼 수 있듯, 눈에 보이는 현상과 정황을 감각적인 이미지로 촘촘하게 꾸미면서 표현하는 말의 질감은 시의 주된 소재가 무엇이건 독자가 그 속에 이미 들어 있는 기분을 불러온다. 이러한 생생한 묘사의 힘은 시가 전달하는 메시지와 주된 정조를 더욱 선명하게 할 수밖에 없다. 사물과 사물 사이, 그리고 존재와 존재 틈새 미세한 떨림을 잡아 낚아채는 말의 묘법을 시인은 아무렇지도 않게 구사한다. 이 점은 이번 시집의 주제와 관계없이 시적 효과와 울림의 중요한 포인트가 되는 것이다.

시집 『이별이 건너가고 있다』의 미덕 가운데 하나는 시인이 평소 얼마나 사물을 유심히 관찰하고, 그 관찰의 결과 표현하려는 감정의 형식을 위한 언어의 취사에 얼마나 고심하고 있는지 개별 시편에 고스란히 묻어 있다는 사실일 것이다. 이런 경우 시인의 시 쓰기는 기본에 충실하면서 점점 내밀해지는 시적 깊이에 다다른다. 요즘 현란한 언어 기술을 뽐내는 시인들이 많은 세상에 보기 드문 시인의 자질을 보는 듯 놀랍다. 이 세상 어떤 형식으로 어디에, 그리고 무엇에 쓰이든 모든 존재는 나름의 의미와 존재 방식을 가지고 있다. 시인의 눈은 일상 공간에 갇힌 한계를 넘어 현실과 상상의 경계에 아랑곳하지 않고 언어의 꽁무니를 조심스럽게 그리고 섬세하게 놓치지 않으면서 나아간다. 그리고 이러한 천천한 걸음걸이가 닿는 오솔길에서 시인이 꿈꾸며 그리는 새로운 세상이 펼쳐지는 것이다.

가랑비 는개 이슬비 보슬비 작달비 장대비 여우비

주머니 속에서 꺼내 쓸 비들이 비척거린다
도화지가 훔쳐 온 구름은
하늘에 뿌리는 씨앗
기후변화에 뾰족해진 이웃
너나없이 드러내는 속

마치 담요인 양 예사로 말리고 접힌 구름 막
서쪽 저쪽 국경 너머로 맥없이 끌고 간다
─「구름 훔치기」

「구름 훔치기」에서 묘사한 온갖 구름은 대상의 구체화를 소중히 여기는 시인이 그리고자 하는 세계의 모퉁이나 구석을 닮은 듯 내밀하다. 내밀하다는 말은 시인이 세상을 거칠고 두텁게 바라보고자 하는 마음에서 나온 게 아니라 섬세하고 예민하게 대상을 들여다보려는 마음에서 비롯되었다는 반증이다. 위 시가 직조하는 '동화적인' 정조와 분위기는 "기후변화에 뾰족해진 이웃/너나없이 드러내는 속"처럼 현실 세계의 부정적인 동정(動靜)마저 완연한 시적 세계로 흡수하는 힘을 지닌다. '힘'이라고 했지만, 어쩌면 시인이 품은 더운 시적 언어의 기력(氣力)이라고 말하는 편이 더욱 정확할 것이다. 이런 기력은 오랜 시 쓰기를 위한 사색과 궁리에서 비롯된다. 하루하루 덧없이 이어지는 삶일지라도, 그 삶의 틈새에 환하게 피어나는 존재의 변화무쌍한 형식을 발견하고 이를 기록하는 일에서 빚어지는 작은 만족과 행복이 시인의 눈과 손에 온통 시적 세계의 형식과 내용으로 꽉 차게 한다. "마치 담요인 양 예사로 말리고 접힌 구름 막/서쪽 저쪽 국경 너머로 맥없이 끌고 간다"는 구절이 보여주듯, 예사로 나타낼 수 없는 현상에 직핍하면서 절로 튀어나오는 언어의 맥박과 리듬이 지나가는 글자의 자취를 더듬다 보면 점점 확장되는 시의 전망과 시인의 언어 인식을 가늠하게 되는 것이다.

    법회 끝난 후인지 승려 신도들 쏟아져 나오는 오후
    주홍 장삼에 붉은 가사 걸친 스님과 나란히 계단 오르는
    역시 붉은 조끼 등허리 또렷이 새겨진 한글
    영양군장애인지회
    몽골인일까 선 굵고 검붉은 얼굴
    문양이건 글자건 무심한 듯한 표정
    반갑고 엉뚱하다
    보따리 장사꾼 따라 국경 넘은 것인지

아니면 재난 구호품이었을까
언뜻 스치는 호기심 떨구며 마주한
울랑바타르 시내 라마 사원
유명 관광지답게 오가는 이 많다
아직 홀대받지 않는 듯 헤아릴 수 없는 비둘기 떼
던져 주는 모이에 길든 듯 시커멓다
중앙아시아에서 가장 크다는 대불전
황금 마니차 하나씩 돌리며
쌓아두었던 말들 뱉어내며
기도에 든다

-「간단 사원」

  자연과 전통적인 공동체 문화에 대한 시편들 못지않게 여러 편의 여행 시들이 실려 있는 이번 시집에서 확인하게 되는 점은, 위 시에서 보듯 시인의 세밀한 관찰력과 대상을 형상화하는 주된 기법이다. 이 기법은 하나의 풍경으로 수렴되는데, 풍경을 이루는 사람과 정황이 마치 격자처럼 나란히 정렬되어 있되 그 질서가 무미건조하게 연출되지 않고 자연스럽게 형성되는 이미지로 형상화되는 점이다. 울랑바타르의 어느 사원의 풍경을 묘사한 위 작품에서 "스님과 나란히 계단 오르는" "무심한 듯한 표정의" 신도

한 사람에 주목한다. 이를 구심점으로 해서 나선형으로 점점 확장되면서 다시 구심으로 모이는 사원의 풍경을 시인은 그린다. 평범한 사원의 모습으로 볼 수 있지만 시인의 관심과 시적 세계에 초대한 대상에 가져다 붙이는 언어의 형식을 통해 적요함과 아울러 신비함마저 불러일으키게 한다. 시의 이런 '환기' 효과야말로 긴장을 늦추지 않게 집중해서 읽게 하는 동인이다. 시인은 말 곁에 배치하는 촘촘한 자모(字母)의 표정과 형식을 잊지 않고 글자들의 배열로 해서 생기는 미묘한 정감과 빛깔을 섬세하게 만들어 낸다. 말은 단순하게 정보와 사실을 전달하는 도구가 아니다. 더욱이 시를 구성하는 언어는 똑같은 현상과 대상을 그린다고 해서 늘 같은 인상을 심어주지 않는다. '아'와 '어'가 다르다는 사실을 삼척동자도 알고 있듯이, 시에 놓인 자음과 모음 그리고 낱말과 구절이 행하는 기능과 효과야말로 천차만별 시인의 인식과 사유의 깊이에 따라 다양해진다. 김영화는 온도에 따라 달라지는 수은의 높낮이처럼, 철 따라 겹겹이 넓어지고 좁아지는 이 세계의 틈새에 닿으려는 언어를 생각해내고 그 언어에 기능과 배치를 부여하려는 궁리를 게을리하지 않는다. 이것이야말로 시가 다른 문학 장르와 달리 독자에게 전해주는 특징이며 의미라고 할 때 김영화의 시가 이에 해당한다. 존재의 틈새, 그 희뿌염하고 빵빵한 공기의 응축을 비집고 들어가려는 시인의 펜촉 끝에 매달린 모음이 파르르 떨 때 시인은 비로소 글자를 쓴다. 이는 시가 향하려는 존재의 맨 꼭지에 닿으려는 시인의 눈빛이요, 시인이 불러온 말이 향하는 눈동자다. 이번 시집은 그런 노력의 열매다.